Weil eine Welt mit Geschichten eine
bessere Welt ist.

Michael Höngen

Besondere Menschen

Life is a story

schreib's auf
story.one

Für alle Menschen, die mich
unterstützen: Luisa, Celine, Michelle,
Angelina, Casey und all die anderen
Wegbegleiter.

INHALT

Ein neues Gesicht

Mutlos lief ich die den schmalen Feldweg entlang, der zu meinem abgelegenen Lieblingsort führte. Dieser Ort, eine abgelegene Bank außerhalb des Dorfes, war ein Rückzug von den Mitschülern, die ich nicht leiden konnte. Ich selbst fand die Stelle mehr aus Zufall. Man war dort allein. Immer. Bis zu diesem Tag. Laut atmend vom Asthma „erklomm" ich den kleinen Hügel als sei er die Zugspitze, bog um die Ecke und... sah jemanden auf meiner Bank sitzen. Ein Mädchen in meinem Alter mit langen, blonden Haaren. Als sie mich sah, legte sie ihren Kopf schräg wie ein Wellensittich, der angeregt etwas beobachtete. Dann lächelte sie, als wären wir alte Bekannte.

„Hey, wie heißt du?", fragte das Mädchen mit freundlicher Stimme, während sie an ihren Haaren zupfte. Ich gab ein schlecht gelauntes Grummeln von mir.

„Hat man denn nirgends seine Ruhe?", murmelte ich wohl lauter als gewollt, was sie zum Lachen brachte,

„Oh, ein Murmeltier!", entgegnete sie kichernd. Ich runzelte die Stirn. „Ich heiße jedenfalls Lucy!", sprach das Mädchen munter weiter. Ich antwortete mit einem Nicken, blieb jedoch weiter auf Abstand. Lucy machte eine Geste, ihr auf der Bank Gesellschaft zu leisten. Widerwillig schlurfte ich zu ihr und setzte mich demonstrativ ans andere Ende der Bank.

„Michael", murmelte ich ihr schließlich meinen gebürtigen Namen entgegen. Lucy lächelte und winkte mir zu, was mich kurz zum Schmunzeln brachte.

„Sitzt du immer so gerne am Rand?", fragte sie schließlich kess. Ich schüttelte den Kopf. Lucy nickte und richtete ihren Blick wieder nach Vorne.

„Heißt du wirklich Lucy? Ist ein seltener Name!" war mein verzweifelter Versuch einer Konversation nach einer peinlich langen Pause. Lucy runzelte die Stirn wie eine Lehrerin, die gerade meine Mathearbeit korrigierte.

„Ja. Und selbst wenn: Ich heiße so, wie ich es will! Wenn ich sage, ich heiße Rosalie Schnuffelpuff, nennst du mich so!"

„Bleiben wir bei Lucy, okay?", erwiderte ich trocken. Das Mädchen sah mich fragend an, beugte sich ein Stück vor und lachte schließlich so laut, dass ein Vogel im Baum neben uns erschrocken aufflog.

„Ich mag dich, du bist so doof wie ich!", antwortete Lucy breit grinsend. „Ich muss gleich gehen. Bist du morgen auch hier?"

Ich zuckte mit den Schultern.

„Weiß nicht, hab morgen ein Diktat!"

„Wer ist wichtiger? Ich oder so ein Diktator?", fuhr mich Lucy nicht ganz ernst gemeint an. Ich lachte, was ich sonst nur selten tat.

„Keine Ahnung. Ich kenne dich doch kaum!"

„Eben, sonst würdest du nicht so fragen! Also, komm morgen zur gleichen Zeit!"

Ich nickte. Und kam, nachdem ich vor Aufregung das Diktat verpatzt hatte. Doch dafür fand ich Lucy, die alles veränderte …

La fin de l'amour

Ich zog einen kleinen, zerknüllten Zettel heraus, faltete ihn auf und legte ihn in die zarten
Hände meiner Freundin, die so zerbrechlich wie
aus Porzellan schien. Meine Freundin, das war
auch so eine Umschreibung. War sie es nun, oder
war sie es nicht? Sie sagte es, ich sagte es. Doch
konnten wir wirklich die Bedeutung von Partnerschaft und Liebe kennen? Dennoch...seit ich
sie das erste Mal gesehen hatte, lag dieser Zauber
in der Luft. Ich war allein, sie war allein. Und sie
redete mit mir, obwohl es sonst keiner tat und
ich eigentlich alles dafür gab, dass es auch so
blieb. Weil man sich irgendwann daran gewöhn-
te. Froh war, einfach in Ruhe gelassen zu werden.
Aber Lucy konnte so stur sein wie ein Bock, so
taub wie ein Pfahl. Wenn sie etwas nur wirklich
wollte. Wie ein Geist war sie fortan in meinem
Leben. Tauchte mal hier auf, mal da. Meistens,
ohne dass jemand anderes Notiz von ihr nahm.
Wir redeten, erzählten uns Geschichten. Und sie
las mir Texte vor. So wunderschön und poetisch,
dass ich es auch wollte. Ich schrieb schon davor
kleine Geschichten, alle nicht sehr gut. Doch nun
versuchte ich vergeblich, irgendwie ihr Können

zu erreichen. Und sie las alle Ergebnisse dieser Bemühungen durch wie eine Lehrerin die schlechte Deutscharbeit des Klassenlegasthenikers.

„Ist nicht besonders gut!", fügte ich kleinlaut hinzu. Lucy lächelte, diesmal ehrlich gemeint und aus dem Herzen kommend. Sie nahm den zerknüllten Zettel und schüttelte entnervt den Kopf.

„Schlamper. Schlampersau!", flüsterte Lucy leise mit einem kaum zu überhörenden Zynismus beim Blick auf den Fresszettel. Ihre Ausdrucksweise war geprägt von zynischen Sprüchen. Und neuen Wortschöpfungen. Meistens verstand man trotzdem, was sie meinte. Nur beim Waschbärwasser musste ich nachfragen.

„Wenn du in Wasser Spüli oder Waschpulver reinkippst, kannst du darin Sachen waschen. Und das ist dann Waschbärwasser!" erklärte sie einst mit einem so ernsten Ton, als hätte ich gerade etwas Grundlegendes und Logisches hinterfragt.

Lucy nahm den Zettel, flüsterte ein kaum hörbares „Dreckfink" und einige französische Begriffe, ehe sie den Text las. Nach einer Weile nickte sie, ihr Mund formte sich zu einem sanften Lächeln.

„Das ist gut. plutôt bien!"

„Was ist mit Pluto?", fragte ich feixend, da ich ihre Reaktion schon kannte und leicht auswich, als sie mich mit ihren kleinen Fäustchen boxte.

„Mach dich nicht über mein Französisch lustig!", erwiderte sie lachend.

Erinnerungsfetzen. Ich wurde älter, zog fort. Lucy nicht. Sie blieb, wie es einst mal Alphaville sang, Forever Young. Sie sagte nichts über ihre Krankheit, lächelte die Sorgen weg. Von ihr blieben nur ein paar Texte. Und ihre Kette, die sie mir beim letzten Treffen gab.

„Da ist Zauber dran!", sagte Lucy einst lächelnd. Eigentlich kaum zu glauben, war das Ding doch nur die Beilage aus einem billigen Teenie-Heftchen. Aber wenn es jemand schaffte, solch einen Zauber zu vollbringen …

Dann sie.

Die vergessene Diva

Ihr frecher Blick, die etwas zerzausten Haare. Ihr ganzer Anblick wirkt so, als hätte sie vor noch gar nicht all zu langer Zeit gelebt. Als hätte man das Foto lediglich auf alt getrimmt. Ein großer Star ihrer Tage, gefeiert auf den Bühnen der Welt und in der noch jungen Filmindustrie. Vergessen, da ihr Schaffen zerstört ist. Die alten Zelluloidfilme zersetzt, verbrannt. Die wenigen noch erhaltenen Szenen eingelagert, da wohl zum Aufführen zu schlecht erhalten. Wie selbst ein großer Star in Vergessenheit geraten kann...

Marie Doro, emanzipiert und sturköpfig. Talentiert und verrückt. In vielen Dingen geheimnisvoll. Sie spielte auf den großen Bühnen der Welt. In Sherlock Holmes in London, großen Aufführungen am New Yorker Broadway. Ab 1915 kam der Ruhm der Kinoleinwand hinzu. So spielte Marie unter anderem die Hauptrolle im allerersten 3D-Film, wurde für ihre Bühnenpräsenz und ihre Schönheit gelobt, teilweise sogar als schönste Schauspielerin der Welt und als „Dresden Doll" bezeichnet. Marie galt als Poetin, Shakespeare-Expertin, gebildete Zynikerin mit bissigen Humor. Und so ziemlich das Gegenteil der einfachen, lieben Maid, die sie in den Filmen stets verkörperte ...verkörpern musste. Oder wie die Zeitschrift Harper`s Bazaar einst feststellte: „Marie Doro ist die einzige Schauspielerin, die, während sie sich abschminkt, eine griechische Ode komponieren könnte".

Marie Doro war verheiratet. Nicht besonders lange, allen Anschein nach auch nicht besonders glücklich. Sieben Jahren ging die Ehe mit einem Schauspielkollegen, ehe sie kinderlos geschieden wurde. Immer wieder gab es Gerüchte und Zeitungsartikel über angebliche Liebschaften der Schauspielerin. Mit Männern, sehr wohl aber auch mit Frauen. Konkret wurden diese – in der damaligen Zeit noch gefährlichen – Anschuldigungen nie. Und Marie war schlau genug, sich in Schweigen zu hüllen.

Anfang der 1920er Jahre kam ein Umbruch in ihrem Leben. Sie hatte genug von Hollywood, dem Star-Glamour. Marie drehte einige Filme in Italien, schließlich setzte sie sich zur Ruhe. Nachdem ausschweifende Partys lange zu ihrem Leben gehörten wurde es auf einmal ruhig um die ungewöhnliche Frau. Sie studierte, verschrieb sich dem Spiritismus und brach schließlich den Kontakt zu allen Menschen ab, die sie im Leben kannte. Um alleine zurückgezogen als Eigenbrötlerin zu leben. Nur ein Journalist durfte sie 1952 Zuhause besuchen, Ein Foto von ihr machen. Eine verschrobene, in ihrer eigenen Welt lebende alte Dame. Vier Jahre später starb Marie Doro mit 74 Jahren ohne engere Angehörige. Sie hinterließ ein unvollendetes Theaterstück, welches im Jahr nach ihrem Tod aufgeführt wurde. Und 90 000 US-Dollar, die sie einer Stiftung für Schauspieler vermachte.

Ein Paradiesvogel, ein eigensinniger Dickkopf. Durch den Zahn der Zeit vergessen. Aber wer weiß, vielleicht taucht eines Tages doch noch ein Film von ihr auf.

Damit die Welt wieder erfährt, wer Marie Doro war.

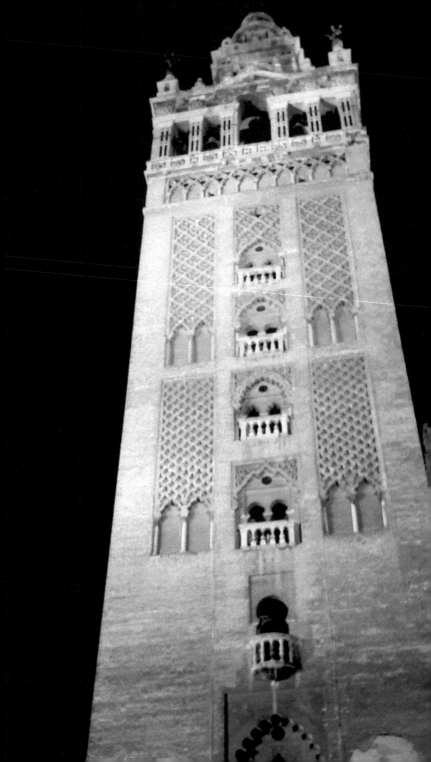

Eines Nachts in Sevilla

Ich war erst einige Tage in Sevilla, dieser schönen und so alten Stadt mit ihren historischen, eindrucksvollen Bauten und der bewegten Geschichte. Ein Austauschprogramm und für mich die Möglichkeit, zwei Monate in der dortigen Universitätsbibliothek zu arbeiten. Auch wenn es eine wundervolle Zeit voller großartiger Erinnerungen war, blieb mir eine Sache besonders in Erinnerung.

In den ersten zwei Wochen lebte ich in einem furchtbar kargen Zimmer in der Altstadt. Ein Bett, ein Tisch und ein Schrank. An der Decke baumelte eine alte Glühbirne. Keine Steckdose, kein Fenster. Ich sollte bald schon eine weitaus bessere Bleibe bekommen, doch in diesen ersten Tagen zog es mich Nachts meist auf die Straßen der Stadt, wo ich mich frei und unbeengt fühlte. Ich hatte keine Karte, lief einfach ziellos herum. Schöne Ecken gab es überall, in den so engen Gassen. An einem Gebäude verharrte ich. Es war finster, eine einzige Laterne erhellte diesen besonders engen, gepflasterten Weg. Ich lehnte mich gegen sie und beobachtete das Haus vor mir. Es hatte zwei Etagen, war hell gestrichen und hatte einen winzigen, etwas verwilderten Garten. Das Fenster im Obergeschoss mit einem schönen, schmiedeeisernen Gitter davor schien geöffnet zu sein. In der Dunkelheit konnte ich Details nicht erkennen. In eben jenem Zimmer brannte ein schwaches Licht. Und es ertönte Musik. Jemand spielte Klavier. Sanft, und doch wunderschön. Ich stand dort ganz allein, schließlich war es bereits kurz vor zwei. Ein kleines, privates Konzert. Für etwa zehn Minuten lauschte ich dem magischen Spiel, schließlich war Klaviermusik schon immer eine große Liebe von mir gewesen. Ich fragte erst gar nicht nach dem Grund, wieso jemand so spät noch musizierte. Als der letzte Ton verklungen war stand eine schlanke Person, vermutlich eine junge Frau, auf und löschte das Licht. Ich verharrte noch eine Weile, ehe ich meines Weges ging.

Am nächsten Tag kam ich mehr aus Zufall vom Heimweg aus der Stadt wieder an eben jener schmalen Gasse vorbei. Ich beschloss, dem Haus noch einen Besuch abzustatten. Vielleicht würde die junge Frau ja wieder spielen, oder sich diesmal vielleicht sogar zeigen. Ich fand das Gebäude, auch wenn im Tageslicht alles ganz anders wirkte. Doch was ich sah, konnte ich nicht wirklich glauben oder zuordnen. Das besagte Haus sah völlig verfallen aus, was ich Nachts nicht erkannte. Das obere Fenster war nicht geöffnet, sondern fehlte komplett. Die Haustüre mit einem Brett vernagelt, der Weg zum Eingang zugewachsen. Es war eine mystische Begegnung in einer mystischen Stadt. Eine Erklärung fand ich nicht, und der Schriftsteller in mir will auch gar keine. Vielleicht waren es die alten Besitzer des Hauses, die in dieser Nacht kamen und noch einmal alte Erinnerungen aufleben ließen. Oder einem geliebten Menschen gedachten. Was es auch war, es war wundervoll. Poetisch. Und die Töne des letzten Liedes eine bleibende Erinnerung.

Claude Debussys „Clair de Lune".

Der Soundtrack des Lebens

Jeder Mensch hat ein paar Lieder, die ihn gewollt oder ungewollt ein Leben lang begleiten. Sozusagen ein „Soundtrack des Lebens". Lieder, die man untrennbar mit einem Ereignis, einem Urlaub, einer Person oder einem bestimmten Lebensabschnitt verbindet. Und schon bei den ersten Tönen sofort an einen anderen Ort, in eine andere Zeit gezaubert wird. So denke ich bei „Hijo de la Luna" an meine Zeit in Spanien, da dieses Lied auf dem Weihnachtsmarkt in Sevilla in Dauerschleife lief. Die letzte Partnerschaft wiederum mit „Every Breath You Take", von dem ich erst viel später erfuhr, dass es eigentlich absolut kein romantisches Liebeslied ist.

Einen sehr großer Teil meines „Lebenssoundtracks" hat meine erste Freundin Lucy geschrieben. So verrückt wie ihre Art war auch ihr Musikgeschmack. Zumindest für eine Person ihrer Generation. Sie liebte französische Musik, Klassiker von Edith Piaf. Aber auch Popsongs wie „Joe le Taxi", ihrem absoluten Lieblingssong, oder auch „Voyage, Voyage". Kein Wunder, kam sie doch selbst aus diesem schönen Land. Durch

Lucy bekamen diese Lieder ein Eigenleben, eine Verbindung. Egal, was sie für eine eigentliche Bedeutung hatten. Und vielleicht mag man durch solche Erinnerungen teilweise sogar Lieder, die man ohne solche Verbindungen nicht hören oder sogar furchtbar finden würde.

Einmal sang Lucy „Dream a Little Dream of Me" leise vor sich hin, als wir nebeneinander saßen. Nachdem sie nicht mehr hier war suchte ich tagelang nach diesem einen Lied, an dessen Text ich mich in der Zwischenzeit nicht mehr erinnern konnte. Obwohl es ständig in meinem Kopf geisterte. Es sind Songs wie diese, die Erinnerungen lebendig halten können. Teilweise sogar Menschen. Und manchmal erscheint es gar so, als würden durch sie die Gefühle zurückkehren. Wie eine Verbindung zu einer Seele, die nicht mehr hier ist.

wie erst vor wenigen Wochen. Ein langer Tag, der alles andere als gut verlief. Diese Momente im Leben, wenn man sich einsam fühlt, obwohl man es in Wahrheit gar nicht ist. Ich saß im Zug, betrachtete die vorbeiziehende Landschaft. Selbst das Wetter schien sich der Grundstimmung anpassen zu wollen, als es einen ekelhaften Graupelschauer schickte. Schlecht gelaunt zog ich schließlich mein Handy aus der Jackentasche, ärgerte mich leise fluchend über die mal wieder verhedderten Ohrstecker und schaltete das Radio ein, weil ich meine eigene Playlist nicht mehr hören konnte. Zuerst Rauschen, dann vertraute Töne. Ich lächelte, als ich den Refrain von „Joe le Taxi" ertönte. Ich sah zum grauen Himmel hinauf und lachte leise. Es mochte Zufall sein, eine dumme Einbildung. Aber es passierte ständig. War ich traurig lief irgendwo dieses Lied wie auf Knopfdruck. Wie ein Zeichen. „Kopf hoch". Und selbst wenn es Einbildung war, dann zumindest eine schöne, trostspendende.

Als die letzten Töne verklangen folgte Tom Pettys „I Won`t Back Down". Wieder ein Lächeln, ein Kopfnicken.

„Ich auch nicht, Tom. Ich auch nicht…".

Das Verschwinden der Charakterköpfe

Auf dem Bildschirm flimmert die Aufzeichnung eines Konzerts. Sinatra singt, im Hintergrund ein großes Orchester. Jeder Ton sitzt, ohne Playback. Eleganz pur. Ein Video im Internet, meine Alternative zum TV. Die endlos-Wiederholungen von „Columbo" sind neben manchen Filmklassikern und den Nachrichten so gut wie das einzige, was ich mir noch ansehe. Während des Videos geistert mir die Frage durch den Kopf, wo die heutigen Sinatras sind. Nicht stimmlich, sondern vom ganzen Auftreten. Charakterköpfe, mit Ecken und Kanten.

Klar, „Frankie" wäre durch manche Sprüche wohl mittlerweile nicht mehr ganz politisch korrekt. Und jeder Fernsehsender würde heute einem Musiker wohl den Vogel zeigen, wenn er für einen einzelnen Auftritt ein ganzes Orchester fordert. Und das tat Sinatra. Genauso wie Dean Martin darauf bestand, auf keinen Fall im nüchternen Zustand die Bühne zu betreten. Heute unvorstellbar. Was interessant erscheint, da in so vielen anderen Bereich der Umgang im Fernsehen egal erscheint.

So lustig es klingt, Sinatra und Columbo – oder besser gesagt dessen Darsteller – hatten eine Gemeinsamkeit. Sie waren einmalig, unverkennbar. Und unersetzlich. Während manch heutiger Star austauschbar und fad wirkt hatten sie ihren eigenen Kopf, einen prägnanten Stil. Genauso wie auch ein Johnny Cash oder Filmstars wie Dennis Hopper und Jack Nicholson, die das alte Hollywood mit ihrer unflätigen Art aufwirbelten. Querköpfe, nicht leicht zu handhaben. Aber ist genau das nicht viel interessanter? Liegen etwas problematische, kantige Persönlichkeiten nicht viel mehr am echten Leben als die auf Hochglanz gebügelten TV-Sternchen oder „Influenzer"? Personen, die selbst ein einstündiges Interview kurzweilig erscheinen ließen. So wie Karl Lagerfeld, über dessen Videos ich neulich wieder stolperte. Schlagfertige Sprüche, diese verrückte, auf eine Art schon wieder lustige Eitelkeit. Zitate wie „Ich bin sehr geerdet. Nur nicht auf dieser Erde", oder auch „Das Geld muss zum Fenster raus, damit es zur Türe wieder reinkommt". Persönlichkeiten wie diese sind es, die den Fernsehshows fehlen. Es ist nicht so, als würde es heutzutage nur noch Langweiler, laufende Raufasertapeten geben.

Aber es wird seltener, echte Charakterköpfe zu finden. Zumindest solche, die den feinen Unterschied von „sympatisch verrückt" zu „niveaulos und blöd" erkennen können.

In der Politik ist es nicht anders. Wie gerne sehe ich die alten Fernsehauftritte von Helmut Schmidt, der als „Elder Statesman" dauerquarzend in den Polit-Talkshows saß. Immer mit dem hanseatischen, trockenen Humor, einer gewissen Noblesse und der Gleichgültigkeit darüber, dass Rauchen in Fernsehstudios schon damals längst verboten war.

Ich schalte den PC aus. Gleich fängt „Columbo" an. Der Plot nicht überraschend, die Dialoge kann ich auswendig. Genauso wie jedes einzelne „Ich hätte da noch eine Frage".

Es liefe auch noch etwas Neues. Eine Castingshow.

Aber nein.

Die Schöne aus Wales

Ich war gerade erst in der verschlafenen Kleinstadt Pontypridd angekommen, fühlte noch die Müdigkeit in meinen Beinen. 12 Stunden Fahrt im Bus und mit der Fähre. Ich machte einen ersten kleinen Spaziergang in den Stadtkern um zu sehen, was sich in den 6 Jahren seit meinem ersten Besuch mit dem Verein verändert hatte. Eine Städtepartnerschaft ermöglichte beide Reisen. Es war ein historischer, an vielen Stellen sehr schöner Ort. Auch wenn die in der Gegend rapide sinkende Wirtschaft immer größere Spuren hinterließ. So standen teilweise ganze Straßenzüge an Häusern zum Verkauf, viele Pubs und Geschäfte waren ebenfalls zu. Umso schwerer fiel mir meine Aufgabe: Im Rahmen eines Konzerts in einer historischen Kirche ein Gedicht, ein Loblied über Pontypridd vortragen. Doch mit meinem Text war ich absolut unzufrieden. Die Zeit drängte.

Ich lief gedankenversunken durch die Stadt, besuchte ein Antiquariat. Ideen kamen trotzdem keine. Nach einer Weile traf ich auf den Fluss, über den eine historische Steinbrücke fließt. Das

Wahrzeichen der Stadt. Ich ging über sie, blieb in der Mitte stehen und sah hinab ins Wasser. Vielleicht auf so etwas wie Eingebung hoffend. Eine Möglichkeit, die aufgelisteten Sehenswürdigkeiten in eine schöne Handlung einzubinden. Ein plötzlicher „Aha"-Effekt, die zündende Idee. Doch ich sah keinen genialen Einfall, sondern nur meine Visage im Fluss. Nach einer Weile drehte ich mich wieder zur Straße, als ich eine junge Frau an der anderen Seite der Brücke stehen sah. Wie auch ich kurz zuvor lehnte sie sich leicht hinüber und sah ins Wasser. Sie hatte langes, rötliches Haar und sah damit aus wie eine klischeehafte Vorzeige-Engländerin. Wie festgefroren stand die junge Dame dort, ließ ihren Blick ins Nichts schweifen. „Ob sie wohl auch einen Einfall sucht?", dachte ich mir schmunzelnd, während ich die Straße querte. Vielleicht hatte sie auch einen schlechten Tag, oder einfach Kummer. Im Moment, als ich an ihr vorbei lief, drehte sie sich um. Ich grüßte sie mit einem „Hello" und einem Lächeln, welches sie wundervoll strahlend erwiderte. Vielleicht auch nur, weil sie mein Akzent amüsierte. Was mir jedoch gleich war. Denn in eben diesem Moment gab mir die große Unbekannte die fehlende Idee. Eine einsame Liebe, die durch die Stadt streift und all die Orte besucht, die sie an vergangene Zeiten erinnert.

Der Auftritt lief gut, trotz aller Aufregung. Trotz der Tatsache, dass die Zuschauerränge gefüllt waren, mich unzählige Blicke durchbohrten. Für einen Moment dachte ich, dass ich sie auf einen der hinteren Plätze gesehen hätte. Die junge Frau. Während ich das Gedicht vortrug, für das sie unwissentlich Pate stand. Und dessen Inhalt wahrscheinlich rein nichts mit der Realität gemein hatte. Ich sah mich nach dem Konzert um, doch konnte sie nicht finden. Vermutlich war es doch nur eine Einbildung. Nur eine Frau, die ihr ähnlich sah. Eine Illusion. So wie die Liebe im Gedicht.

Aber was wäre Poesie ohne Illusion?

Fotos ohne Namen

Ein glückliches Liebespaar, ein eleganter Gentleman oder eine schick gekleidete, junge Dame. Die alten Atelierfotos stehen eingerahmt auf der antiken Kommode, wo sie als Dekoration neben alten Büchern und anderen Dingen der Jahrhundertwende dienen. Flohmarktfunde, das Stück für 50 Cent. Einstige Erinnerungen, ganze Leben. Heute nichts mehr wert außer wegen ihrer Nostalgie, dem schönen „Look". Menschen, die einst etwas bedeuteten und darstellten. Manche starke Persönlichkeiten. Nun namenlose Gesichter. Selbst ganze Familienalben waren an dem kleinen Stand käuflich erwerbbar. Dynastien, die ausgestorben sind. Oder deren Nachfahren sich nicht für die eigene Vergangenheit interessieren. Ein bedrückendes Bildnis der Vergänglichkeit des Menschen.

Mein Lieblingsmotiv von diesen Bildern ist ein Mädchen im weißen Kleid, fotografiert in einem namhaften Berliner Atelier. Diese Fotografie muss teuer gewesen sein. Die junge Dame also entweder aus gutem Hause, oder das Portrait ein Luxus, den sich die Familie für ihre geliebte

Tochter gönnte. Die Kleidung wirkt edel und fein, dazu passende und auf hochglanz polierte Schuhe. Ein Armband mit Herzchen-Anhänger, im gewellten Haar eine Schleife. Der Blick des Mädchens nicht unbedingt glücklich, eher nachdenklich. Beinahe schon traurig scheint sie am Fotografen vorbei ins Nichts zu schauen. Ein häufiges Phänomen auf diesen alten Fotos. Antike Familienalben zeigen meistens keine glücklichen Gesichter. Viel mehr vermitteln sie einen Eindruck von Ernsthaftigkeit, Strenge, Sorgen. Nicht nur bei den einkommensschwächeren Leuten, die jeden Grund dazu hatten. Selbst Herrschaften aus feinem Hause verzogen ihr Gesicht auf solchen Bildern nur selten zu einem Lächeln.

Die Fotografie entstand um 1910, viel länger gab es das Atelier nicht. Ab und zu betrachte ich das Foto, frage mich nach seiner Geschichte. Wer dieses unbekannte Gesicht war, wo und wie es lebte. Ob dieses Mädchen ein langes, glückliches Leben hatte. So gut es eben ging, wenn man der Generation angehörte, die beide Weltkriege miterleben mussten. Ich werde es nie erfahren. Ihren Namen, ihren Verbleib. So wird sie ewig eine Unbekannte sein. Genauso wie der Gentleman im schwarzen Frack, der weltmännisch und unternehmerisch wirkt. Oder das Liebespaar, das tatsächlich lächelt und hoffnungsvoll in die Kamera blickt. In eine Zukunft, die hoffentlich so war, wie sie es sich erträumten.

Wie schade, dass heutzutage kaum noch Fotos in Alben geklebt werden. Vergängliche Erinnerungen auf Handys, Kameras und Speicherkarten. Wie gut, dass ich so altmodisch bin. Vielleicht wird es ja wieder ein Trend, das Fotoalbum. Es wäre irgendwie schön.

Und wer weiß, vielleicht wird jemand in hundert Jahren auf einem Trödelmarkt unsere Fotos in den Händen halten. Und sich dasselbe fragen, wie ich es heute tue.

Das Streben nach Ruhm

Bogart, Gable, Davis oder Garbo. Die großen Namen Hollywoods lassen oft die unzähligen Darsteller vergessen, die nie ins Rampenlicht traten. Bekannte Gesichter, in unzähligen Filmen zu sehen. Nicht im Vordergrund, ohne Starruhm. Für sie stellte Hollywood lediglich eine gut bezahlte Arbeit dar. Auch wenn viele den Schritt nach ganz Oben versuchten. Und oft scheiterten.

Eines dieser vielen Gesichter war Peggy Shannon. Die 1907 geborene Dame mit feuerroten Haaren schaffte den Sprung auf die Leinwand 1930. Bereits in den Jahren zuvor stand sie auf der Bühne, ergatterte Auftritte am Broadway. Peggy spielte Nebenrollen, manchmal auch Hauptrollen in qualitativ fragwürdigen B-Movies. Ein guter Verdienst, aber weit entfernt vom Star. Doch sie hatte den Ehrgeiz, mehr zu schaffen. Sie hatte das Talent und wollte es nutzen. Ironischerweise bot ausgerechnet der Fall einer anderen Persönlichkeit Peggy diese Chance: Clara Bow, seelisch sowie körperlich ausgebrannt und am Rande des Zusammenbruchs, wurde vom Filmstudio kurzerhand ausgemustert. Ihre

Rolle übernahm die junge Peggy. Doch der große Durchbruch blieb aus. Die Produzenten sahen nicht das Potential, speisten die Schauspielerin weiter mit unwichtigen Rollen ab. Sie begann deshalb, durch übertriebenen Fleiß auf sich aufmerksam zu machen. So soll Peggy bis zu 16 Stunden am Tag gearbeitet haben. Mehrere Filme gleichzeitig drehend, von Set zu Set hetzend. Vielleicht auch, da ihre bald schon geschiedene Ehe voller Gewalt war. Peggy galt durch den Stress als schwierig, aggressiv. Verfiel dem Alkohol. Irgendwann konnte sie ihre Sucht am am Set nicht mehr verbergen, vergaß Dialoge und wurde für die Filmcrew unhaltbar. Ihre Karriere war zerstört. Die Rollenangebote ließen nach, ehe sie am Ende ihrer kurzen Laufbahn nicht einmal mehr im Abspann genannt wurde. Peggys Bemühungen und deren Auswirkungen führten zum Gegenteil dessen, was sie sich erträumte. Nachdem auch eine Rückkehr am Theater erfolglos blieb wurde es still um sie. Trotz einer neuen großen Liebe blieben Peggys Dämonen für sie unüberwindbar. Eines Tages fand ihr von einem Jagdausflug zurückkehrende Mann die gescheiterte Schauspielerin tot über den Küchenstuhl lehnend. Organversagen, mit 34 Jahren. Den Verlust seiner großen Liebe nicht ertragend folgte ihr Mann wenige Tage später, auf dem selben Stuhl sitzend. Selbst nach ihrem Tod schien Peggy keine Aufmerksamkeit vergönnt: Zwar trägt ihr schlichter Grabstein ihren Spitznamen „Das rothaarige Mädchen", doch ihr Geburtsjahr war falsch eingraviert. Und blieb unkorrigiert. Ihr geliebter Mann wurde gar auf einem anderen Friedhof beigesetzt.

Seit einigen Jahren wird Peggys wiederentdeckter Film „Deluge" in den USA als Klassiker gehandelt. Der als erste Katastrophenfilm der Geschichte geltende Streifen zeigt das rothaarige Mädchen in ihrer Glanzzeit. Vielleicht bringt er ihr den verspäteten Ruhm ein, den sie zu Lebzeiten nie erlangte.

Die Liebe und ein Jaguar

Ich warf hin und wieder einen Blick zu meiner guten Freundin, während wir wir durch die Hallen des kleinen Automuseums gingen. Es gehörte der Gemeinde und ich übernahm regelmäßig die Schicht. An diesem Tag holte mich die besagte Freundin ab, wir gingen essen. Es war im Sommer 2020, als Museen und Restaurants kurzzeitig öffneten, man etwas Normalität verspürte. Ich hatte bereits Feierabend. Die Eingangstüre war verschlossen, der Tagesabschluss gemacht.

„Warte doch eben hier, ich drehe noch schnell meine Runde!", ergriff ich das Wort, nachdem wir die Minuten zuvor nicht wirklich viel gesprochen hatten. Sie nickte lächelnd, ehe ich mich umdrehte und den Korridor entlang lief. Es war kaum vorstellbar, wie viel Unsinn manch Besucher doch so trieb. Von geklauten Radventilen bis zu abgebrochenen Rückspiegeln war alles schon passiert. Doch gottseidank nicht heute. Vor einem dunkelgrünen Auto harrte ich aus und lächelte, als könnte mich der Wagen sehen. Ein alter Jaguar, 60 Jahre auf dem Buckel. Das Holz im Innenraum ausgeblichen, die feinen Ledersitze rissig. Und der hintere Kotflügel etwas wackelig angebracht. Wie ein Relikt, das seit Jahren nicht bewegt wurde. Und dennoch beeindruckend, wunderschön und viel eleganter als alles, was heutzutage auf den Straßen fuhr. Der Chrom blitzte. Die elegante Kühlerfigur sprang dem Betrachter entgegen, als würde sie auf die nächste Ausfahrt des wohlhabenden Erstbesitzers warten, der schon seit über 30 Jahren nicht mehr lebte. Der Gründer dieses Museums. Das Geräusch des schnurrenden Motors, nur noch in der Fantasie zu hören. Selbst wenn man es versuchen würde, die Katze war verstummt. Ich warf einen Blick hinüber zum Tresen, wo meine Freundin stand. Wieder lächelte ich, auch wenn sie mich nicht sah. Sie schrieb Gedichte, liebte Poesie. Wir kannten uns schon über 5 Jahre, waren eng befreundet. Auch wenn wir uns erst seit kurzer Zeit wirklich richtig trafen. Eine so wundervolle, zarte Person, wie ein Wort oder eine Geschichte von 1500 Zeichen sie niemals gebührend beschreiben könnte. Wir lebten in unseren eigenen Welten, die sich lyrisch miteinander so wunderbar verbanden. Und trotzdem zu weit entfernt waren, um jemals mehr als Freundschaft aus dieser Liebe erblühen zu lassen. Was trotzdem mehr Glück war, als ich es für mich gebührend empfand.

Ich warf einen letzten Blick zum Jaguar. In meinen Gedanken schnurrte sein Motor, ein Chaffeur fuhr ihn laut röhrend über die Landstraße. Der Wagen glänzte makellos, sah aus wie neu. Hinten saßen zwei Menschen. Ein lachendes Paar. Ich, und diese eine Person, welche ich als Madam X bezeichne. Die unbekannte Liebe, die noch in mein Leben treten muss. Eines Tages. Ein schöner Gedanke, wenngleich so weit entfernt.

„Kommst du?" rief mich die Stimme meiner Freundin freundlich aus den Tagträumen.

„Bin schon da!" erwiderte ich gedankenversunken. Ich sah zum Wagen, nickte und flüsterte ihm ein „Irgendwann!" zu, ehe ich zurück zum Eingang eilte.

Die rudernde Gräfin

Eine eiskalte Nacht, ringsherum nur Finsternis. Das todbringende Meer. Dazwischen kaum sichtbar einige kleine Boote. Schwankend, unsicher. In ihnen saßen Menschen aus allen Gesellschaftsschichten. Reiche, Mittelständler, Einwanderer, Besatzung. Und eine Gräfin. Sie alle waren noch vor wenigen Stunden an Bord eines schwimmenden Palasts, einer so glänzenden technischen Errungenschaft. Die Rede ist natürlich von der „Titanic". Abseits von all dem Hollywood-Kitsch, den erfundenen Geschichten. Die Countess of Rothes gehörte zu den Überlebenden. Auch sie kam in der Verfilmung vor, wenngleich sehr negativ als arrogante Freundin der bösen Mutter der Hauptfigur. Hollywood ehrte zu Recht all die anderen Helden dieser Geschichte. Der Konstrukteur Thomas Andrews, der den Untergang für sein eigenes Versagen hielt. Der reiche Benjamin Guggenheim, der gar die Ruhe besaß, sich die lästige Rettungsweste auszuziehen, sich in den Smoking zu werfen und anschließend einen Brandy bestellte, um im Treppenhaus auf das Ende zu warten. Gemeinsam mit Männern wir John Jacob Astor oder Isidor

Straus, dessen Frau nicht ohne ihn gehen wollte. Natürlich aber auch die resolute Molly Brown, die im Rettungsboot am Ruder saß. Doch nie wurde in einer Verfilmung die Leistung der Gräfin dargestellt.

Von klein auf in Reichtum aufgewachsen könnte man meinen, dass die Adelige nicht besonders patent war. Aber nein. Auch sie saß in ihrem Rettungsboot an einem der Ruder, über zwei Stunden bis zur Rettung durch die „Carpathia". Davor steuerte sie das winzig erscheinende Boot an der Pinne, tröstete weinende Frauen, die sich gerade über den Verlust ihrer Männer klar wurden. Die Gräfin wollte umkehren, Menschen aus dem Wasser fischen. Doch man überstimmte sie. Dasselbe geschah in fast allen anderen Booten. Frei nach dem Motto „Es geht nun um unser Leben, nicht um deren Leben!", angeblich ein Zitat eines diensthabenden Matrosen als Antwort auf eine ähnliche Bitte.

Zwei ihrer Meinung nach besonders vorbildlichen Besatzungsmitgliedern schenkte die Gräfin nach der Rückkehr zum Dank gravierte Taschenuhren. Doch auch nach dem Unglück blieb sie nicht untätig. Die Countess of Rothes gründete Krankenhäuser, organisierte Wohltätigkeitsveranstaltungen für Waisenkinder, das Rote Kreuz. Setzte sich für das Frauenwahlrecht und für lokale Einrichtungen ein. Diente im Ersten Weltkrieg gar als Krankenschwester, nachdem sie ihren Landsitz in ein Lazarett umbauen ließ. Nach ihrem Tod 1956 wurde ihr eine Gedenkplakette an der Kirche im kleinen Heimatort spendiert. Recht wenig Erinnerung für eine Frau, die so stark von der Norm der Zeit abwich. Eine für ihre Schönheit und Grazie bekannte, feine Dame, die anpackte und ihre Meinung vertrat. Mut besaß. Aber vielleicht war es ihr recht so. Denn wie sie nach dem Untergang auf die Aussage antwortete, dass sie sich durch ihr Handeln gerade berühmt gemacht hätte:

„Ich hoffe nicht. Ich habe doch nichts getan".

TWIN-SCREW R.M.S. "MEGANTIC."
14,878 TONS.

WHITE STAR
LINE.

Cunard R.M.S. "MAURETANIA" Turbine

Das große Sammeln

Rauch steigt aus den gewaltigen Schloten empor, die Dampfmaschinen stampfen im immergleichen Rhythmus, der den Koloss aus Stahl durch das Wasser treibt. Die Menschen an Bord getrennt in ihre Schichten, zumeist drei Klassen. Die ganz Reichen genossen Luxus und Prunk wie in einem Palast oder einem englischen Landhaus. Die mittlere Klasse hatte gediegenen Komfort, Gemütlichkeit. Die unterste Klasse besaß meist nur das Nötigste. All diese Schichten, die sich im Leben meistens nie begegneten, reisten auf einem großen Dampfer. Getrennt nur durch wenige Decks, und doch so verschieden. Als hätte man ihre Welten in diesen kleinen Mikrokosmos gequetscht.

Das alles ist lange her. So lange, dass es kaum noch in Erinnerung ist. Ich betrachte die alten Ansichtskarten, die es an Bord der Dampfer zu kaufen gab. Das Silberbesteck, das vor dem Abbruch dieser Giganten zur Versteigerung ging. Die Speisekarten, die noch heute von dem Luxus und dem kulinarischen Genuss zeugen, den die vermögenderen Fahrgäste einst genossen. Verstaubte Erinnerungen und vergilbtes Papier, das aus – je nach Weltsicht – traurigerweise oder glücklicherweise vergangenen Zeiten stammt. Ich laufe durch das Zimmer, staube die alten Einrichtungsgegenstände der Dampfer ab. Bekannte Namen wie „Mauretania" oder „Olympic". Einst Prestigeobjekte ihres Landes, ehe sie nach über 20 Jahren Dienst als Altmetall entsorgt wurden. Das Silberbesteck und die Prunkvase haben schon wieder Patina angesetzt, das Polieren ist auch eine Art Beschäftigungstherapie. Man denke nur an die armen Stewarts und das Küchenpersonal, welches damals tausende solcher Stücke täglich für die „Oberen Zehntausend" auf Hochglanz halten mussten. Damit niemand beim Dinner einen Fleck auf dem Besteck bemerkt. Wirklich wertvoll ist es nicht. Wer will sich schon heutzutage diese Arbeit machen, in unserer schnelllebigen Zeit? Ich ja auch nicht. Und der Silberwert ist auch nicht immens.

Nein, dieser alte Plunder ist auf eine andere Art wertvoll. Der Gedanke, dass diese Dinge tausende Meilen über den Atlantik fuhren. Jahrzehnte vor meiner Geburt. Was sie erzählen könnten, wenn sie dazu in der Lage wären. All die Reisen, die Erlebnisse. Die Gesichter längst verblichener Persönlichkeiten. Festliche Bankette, Bälle. Tanz und Musik. In einer Zeit, in der das Reisen noch ein Abenteuer war. Sie überlebten Krisen, Kriege.

Der Mensch ist schon lustig, in seiner Sammelleidenschaft. Für manche sind es Briefmarken, Porzellan, Bücher oder Comics. Kunst und Antikes. Das Anhäufen alter Sachen. „Du kannst nichts mitnehmen" lautet ein bekannter Spruch. Denn es stimmt, Kofferpacken vor dem Tod ist leider nicht möglich. Aber wer weiß, was einen danach erwartet. Also warum nicht Dinge sammeln, wenn sie einem Freude machen? Das Leben ist eine Reise, deren Ziel offen ist. Und selbst wenn man sein Gepäck am Ende aufgeben muss, spricht nichts dagegen, es sich vorher bequem zu machen.

Na, auch ein Sammler?

Die unverhoffte Freundin

Der Zug bretterte an der idyllischen Landschaft vorbei. „Bretterte" ist ein geflügelter Be-
griff, fuhr dieser 40 Jahre alte Triebwagen doch
schließlich eher im gemächlichen Tempo.
Ächzend, in Kurven laut quietschend und damit
irgendwie fast schon wieder nostalgisch. Jeden
Tag derselbe Weg, im Abteil stets dieselben
Menschen. Meistens sogar auf demselben Platz,
als würde er ihnen gehören. Aus meinen Kopfhörern drang „Nights in White Satin", wenngleich auch nur leise. Gegenüber von mir eine
alte Schulfreundin. Ab und an ein Lächeln, ein
kurzer Dialog. Ansonsten Schweigen und aus
dem Fenster starren. Die Definition von „Alltags-
trott".

Ich erschrak beinahe, als sich eine mir fremde
Person kommentarlos und voller Energie zu uns
setzte. Die junge Frau begrüßte uns mit einem
freudigen „Hallo!", bevor sie meine Schulfreundin mit allen möglichen Dingen zutextete. Minu-
tenlang, ohne große Pause. Zuerst reagierte ich
leicht genervt über ihre Art, ehe sie mir langsam
sympathisch wurde. Die hübsche Italienerin mit

den hellwachen Augen und ihrer gewinnenden Art. Ehrlich, nicht auf den Mund gefallen. Frech und dabei dennoch so liebreizend wirkend, dass man ihr niemals böse sein könnte. Es stellte sich heraus, dass meine Schulfreundin sie kannte. Wenngleich nicht besonders lange oder eng verbunden. Aber scheinbar eng genug für diese Begegnung. Fortan gehörte sie zum Alltag, den sie so viel schöner und strahlender machte. Mit ihrer Art, ihrem Lächeln. Gespräche und Nähe anstatt Einsamkeit und Musik aus meinen Kopfhörern, hinter denen ich mich fast schon zu verstecken schien. Der schönste Start in den Tag. Vorausgesetzt, sie verpasste den Zug nicht. Was oft geschah. Sehr oft. Dieses angespannte Gefühl, wenn sich an ihrer Station die Türen öffneten, die Schüler ins Abteil kamen. Nur eine nicht. Manchmal war sie sogar schon in Sichtweite, als sich der alte Zug in Bewegung setzte und meine verdutzt blickende Siebenschläfer-Freundin am Bahnsteig zurückließ. Entweder tauchte sie später noch auf dem Schulhof auf, oder eben nicht. Spontanität, in jeder Hinsicht. Nach manchmal wochenlanger Funkstille steht sie plötzlich vor der Türe. Meist ohne Plan, dafür stets mit Temperament und einem Lachen. Das krasse Gegenteil von mir, in so vielen Dingen. Und vielleicht ja deshalb so wertvoll.

Der Tag hätte anders verlaufen können. Ich hätte krank sein können, den Zug verpassen. Ich hätte meine alte Schulfreundin fast übersehen, mich in ein anderes Abteil gesetzt. Und wäre ihr nie begegnet. Oder zumindest nicht an diesem Tag. Aber so wie es lief, war es perfekt. Weil das Leben eben doch die schönsten Geschichten schrieb.

Die gemeinsame Zugfahrt, das Herumalbern auf dem Schulhof. Mittlerweile längst vorbei. Nur die Freundschaft nicht, und hoffentlich niemals. Trotz der Entfernung, der Probleme und Hindernisse. Weil sie dieses Leben, jeden Tag und jedes Treffen so viel schöner macht.

Meine unverhoffte, so geliebte beste Freundin.

Wenn Worte fehlen

Es war der zweite Abend auf dieser Reise durchs Mittelmeer. Während unser Schiff in Richtung Santorin auslief, wurden die Passagiere mit allerlei Show und Musik unterhalten. So lauschte ich am liebsten dem Pianisten, der in einer kleinen und gemütlich eingerichteten Lounge die großen Klassiker zum Besten gab. Wieder wanderten meine Augen durch den Raum, wie sie es beim Lauschen des Klaviers immer taten. Und wieder trafen sich unsere Blicke. Eine junge Frau, in meinem Alter. Amerikanerin, das hatte ich schon gestern aufgeschnappt, als sie direkt am Nachbarplatz saß und mit ihren Eltern sprach. Ihr Blick wirkte abwesend. Es war unmöglich zu sagen, ob sie nur gelangweilt, oder eher traurig war. Sie sah mir direkt in die Augen, fast schon unangenehm lange. Ich richtete mich wieder dem Pianisten zu. Doch so sehr ich auch auf die Musik achten wollte, meine Blicke gingen immer wieder zu ihr. Sie, den Blick nun in ihr Handy gerichtet, stand schließlich energisch auf und verließ den Raum. Ihre ratlos wirkenden Eltern sahen sich fragend an. Vielleicht war sie einfach nur ein verwöhnter Teenager, wohlhabende

Gäste gab es an Bord ja genug. Doch möglicherweise steckte mehr dahinter. Ein einsames Herz, eine traurige Seele.

Die Tage vergingen. Der herrlichen Ausflüge, die Tage auf See. Immer wieder tauchte SIE irgendwo auf. Kein Wunder, war solch ein Schiff doch schließlich keine besonders große Welt. Ein Mikrokosmos, ein Schmelztiegel verschiedenster Leute aus allen Herren Ländern. Bald schon nahte das Ende dieser Reise. Ein letztes Mal genoss ich bei einem abendlichen Spaziergang über Deck die Meeresluft, das Rauschen der See. Das Gefühl, frei zu sein. Wenngleich auch nur eine Illusion, die diese Reise hier vermittelte. Mittschiffs war sie wieder da. Die junge Frau, weinend auf einem Liegestuhl sitzend. Ich befand mich noch zu weit weg, sie hatte mich nicht bemerkt. In ihrer Hand wieder das Handy, welches auf dieser Reise wie ihr einziger Gesprächspartner wirkte. Ich zögerte, lief dann aber langsam an ihr vorbei. Sie sah mich kurz an, schluchzte kurz und blickte dann wieder auf ihr Handy. Liebeskummer, irgendetwas in der Art. Trauer für jemand, der es nicht wert war. Ihr Schluchzen so flehend, dass ich kurz anhielt. Schon all die Tage zuvor wollte ich sie anreden. Malte mir in Gedanken aus, mit ihr über Deck zu laufen. Doch die Worte fehlten, der Mut sowieso. Zudem lebte sie am anderen Ende der Welt. Aber einfach so gehen?

Ich sah sie kurz an, nahm meinen Mut zusammen und sprach sie mit einem leisen „Someone so beautiful shouldn't cry!" an. Ich biss mir selbst auf die Zunge, so dumm und plump kam mir meine Bemerkung vor. Die junge Frau blickte mich zögernd an, ehe sie zum ersten Mal sanft lächelte. Mit gebrochener Stimme bedankte sie sich. Ich lächelte abermals, verabschiedete mich mit einem „Take care of yourself!", und ging durch die nächste Tür ins Schiffsinnere.

Ich sah sie nicht wieder. Doch wo sie auch sein mag, ich hoffe sie ist glücklich.

Kleine Ode an die Musik

Das Publikum kreischt, während sich auf der Bühne die Musiker versammeln. Ein signifikanter Bass setzt ein, ihm folgen die restlichen Instrumente. Die Menge erkennt das Lied, jubelt noch mehr. Die Leadsängerin tritt elegant ans Mikrofon, singt mit ihrer so einmaligen und unverwechselbaren Stimme. Ihr Outfit wie aus einem Fantasyfilm. Mystisch, düster, aber trotzdem wunderschön wirkt sie. Es scheint nicht wirklich so, als würde sich jemand in der Band an Noten oder vorgegebene Texte halten. Die Sängerin improvisiert, die anderen tun es ihr nach. Es ist laut, das Gitarrensolo wie ein Presslufthammer auf den Ohren. Und dennoch so unglaublich, dass die Halle vor Begeisterung tobt.

Am Ende dauert der Song doppelt so lange, wie auf dem Album. Aber auch doppelt so intensiv. Die junge Frau auf der Bühne, die sich regelrecht in Extase gesungen hat, verneigt sich am Ende des Liedes vor den begeisterten Fans wie eine Königin, die sich bei ihrem Volk für den Jubel bedankt.

Eine Konzerterfahrung. Einmalig. Während Corona? Nein, gewiss nicht. Lange vor meiner Geburt. Ich war nicht dort, auf diesem Konzert von Fleetwood Mac. Ich wollte mal hin, im Jahr 2014. Ich hatte meinen ersten Job, aber die Tickets waren teuer und am Ende für mich nicht ganz erreichbar. Nein, dieser Auftritt von dem ich rede ist eine Live-Aufzeichnung von 1976. Das Lied hieß „Rhiannon", und die unvergleichliche Schönheit auf der Bühne Stevie Nicks. Eigentlich schade, dass ich noch nicht in der Zeit lebte, als es SIE noch als Starschnitt in den Teenie-Magazinen gab. Und nicht die oft austauschbaren Pop-Sternchen, die so schnell wieder verschwinden, wie sie plötzlich aus der Erde aufzuploppen scheinen. Stevie blieb, trotz aller Krisen. Probleme, Süchte. Wirkt stärker denn je, grazil trotz ihres Alters. 45 Jahre sind vergangen, seit diesem Konzert. Lustig und erschreckend zugleich, wie die Zeit vergeht. Da sieht man auf dem Bildschirm eine junge Frau, die erst seit kurzer Zeit in dieser Band singt. Und weiß im Hinterkopf, dass sie nun die 70 schon lange überschritten hat. Es scheint seltsam, dass diese Generation alt wird, langsam verschwindet. Die „New Generation" der 60er und 70er. Aber sie wirkt trotzdem so lebhaft durch solche Aufnahmen.

Als wäre die Zeit stehen geblieben. Für immer leben, ein Menschentraum. Körperlich nicht möglich. Und seelisch? Naja, vielleicht. Wer weiß es schon. Stevie lebt, hoffentlich noch viele Jahre. Andere Musiker der Ära sind lange fort, Leute, die ich großartig finde. Freddie Mercury, Tom Petty, Robert Palmer. Tot. So sagt man zumindest. Aber so ganz glauben kann ich das nicht. Denn jedes Mal, wenn das Lied eines Musikers ertönt, der Film eines Leinwandstars läuft oder man das Buch eines Schriftstellers liest, lebt er wieder. Für einen kurzen Augenblick.

Es ist noch früh, Zeit für ein bisschen Abwechslung. Abtauchen, Corona und Krisen kurz vergessen.

Und falls jemand fragen sollte, wo ich bin:

Woodstock. Vor 52 Jahren.

Ein Unglück auf See

Ich saß gerade im Auto und hörte Radio, als ich die Meldung erstmals hörte. Eine Fähre in Südkorea war gesunken. „Na und?", mag die erste Sache sein, die einem da in den Kopf geht. Ein Schiff sinkt am anderen Ende der Welt. Irgendwie abstrakt, weit weg. Und deshalb in den Medien wohl auch nicht so präsent, wie es verdient gewesen wäre.

An diesem 16. April 2014 sank nicht einfach nur ein Schiff. Es zog mehr als 300 Menschen mit sich in die Tiefe. Darunter alleine 250 Schüler auf Klassenfahrt. Menschen, die gerade erst dabei waren, sich ein eigenes Leben aufzubauen. 250, eine wohl auch noch etwas abstrakte Zahl, die das Schicksal einzelner Menschen nicht deutlich genug macht. Einzelschicksale, die oft in einer Welt aus kühlen Fakten und Nummern vergessen werden.

Unter den Aufnahmen, die nach dem Unglück kursierten, war das Bild einer Schülerin. Aufgestellt auf dem Sitzplatz in ihrer Schule, der nun leer bleiben wird. So wie alle anderen Plätze, da es niemand aus dieser Klasse aus dem Wrack geschafft hat. Ihr Blick auf dem Foto so traurig, als hätte sie ihr Schicksal schon kommen sehen. „Moon", so lautete wohl ihr Name oder Spitzname. Stewardess wollte sie werden, lernte hierfür bereits fleißig Englisch in Abendkursen. Daneben weitere Fotos, die eine fröhliche, junge Frau zeigten. Bilder mit ihrer besten Freundin, die dasselbe Schicksal erlitt. Und schließlich auch ein Foto aus dem gekenterten Wrack. Sie hatte noch Videos und Selfies gemacht, als die Fähre bereits fast vollständig auf der Seite lag. Es mochte mutig sein, in dieser Lage noch so ruhig zu wirken. Vielleicht auch naiv. Oder einfach für die jungen Leute unvorstellbar, dass diese Reise wirklich ihre letzte werden würde. Fotos und Videos wie dieses gibt es etliche. Als das Schiff sank, hielt man die Schüler zurück. Schickte sie trotz der Lage zurück in die Kabinen. Wo sie alberten, lachten. Sich dabei filmten, fotografierten. Abschiedbotschaften, ohne es zu wissen. Minuten vor dem Ende. Minuten, bevor das Wasser die Gänge und Kabinen flutete. Am meisten in Erinnerung blieb mir hierbei das Video einer jungen Frau, die zusammen mit anderen Schülern auf der Wand eines Korridors sitzt. Weil diese Wand durch das Kentern nun der Boden wurde.

In die Kamera winkend und lächelnd, während sie einen Snack isst. Die Rettungsweste umgeschnürt, als würde sie hier etwas bringen. So unbeschwert, als wäre diese Lage kein bisschen beängstigend. Auch sie schaffte es nicht. Eingesperrt in einem auf die Seite gedrehten, langsam sinkenden Raum. Ein Alptraum.

Es mag pietätlos wirken, dass die Angehörigen dieser Schüler die Videos und Fotos Online teilten. Doch auf den zweiten Blick ist es anders. Es zeigt keine schreienden, dem Tod ins Auge sehenden Opfer eines Unglücks. Es zeigt die Menschen so, wie sie im Leben waren. Fröhlich, einzigartig. Oder auch mutig. Ein letztes Mal festgehalten in Ton und Bild. Stärker als jedes Mahnmal, auf dem nur gesichtslose Namen stehen.

Eine Art der Erinnerung.

Erinnerungen und ein Videospiel

Ich hatte als Kind nicht gerade besonders viele wertvolle Sachen. Kein PC, keine Spielekonsole, kein eigener Fernseher. Und mein erstes Handy war ein Nokia aus den frühen 2000ern, mit dem man glatt jemanden erschlagen konnte. Dafür überstand es gefühlt selbst einen Atomkrieg, während heutige Smartphones schon beim Sturz vom Tisch in die Brüche gehen. Der einzige für mich wertvolle Besitz war ein grauer Gameboy, den einst meine Schwester zu Weihnachten bekam. Unsere Eltern wollten ihn nicht kaufen. Doch wenn Mutter „Nein" sagte war es fast schon sicher, dass es die Großeltern schon aus Prinzip kauften. Dasselbe traf auf den Furbie zu, den sie einmal haben wollte. Mein Großvater bezeichnete ihn als „unbeschreiblich hässlich", kaufte ihn aber dennoch. Als der alte Gameboy schon etwas in die Jahre gekommen war und meine Schwester die „Farbversion" bekam durfte ich ihn behalten. Und spielte darauf all die vielen Klassiker aus den 90ern. Meine Lieblingsbeschäftigung, wenn ich nicht etwas mit meinen wenigen Freunden oder mit meinen Eltern unternahm. Und ein Stück weit war es auch eine Flucht aus den vielen Problemen, die mir die Schule damals machte. Die Schläge und Demütigungen eines älteren Schülers, die ungestraft blieben, weil seine Eltern mit den insgesamt nur sechs Lehrern befreundet waren. Willkommen im Dorf.

Ich hütete den schon etwas mitgenommenen Gameboy wie einen Schatz, gab ihn nie aus den Händen und nahm ihn auch nie mit. Fast nie. Ein einziges Mal packte ich ihn behutsam in meinen Rucksack und ging damit zu dem altbekannten Treffpunkt, an dem meine Freundin Lucy auf mich warten würde. Ganz ohne sich vorher abzusprechen, es war eben so. Sie war da, weil sie sonst nichts zu tun hatte. Einsam war, wie ich. Ich zeigte ihr stolz das eigentlich schon ziemlich abgeratzte Gerät und mein Lieblingsspiel: „Zelda". Ich liebte es, auch wenn ich nie groß weiter kam. Die Handlung war mir ziemlich egal, ich lief lieber herum und sah mir alles an, als die Gegner zu besiegen und den „Windfisch" zu wecken. Das eigentliche Ziel des Spiels. Lucy wiederum war fest überzeugt, dass sie es schaffen würde. Und bat mich, es ihr auszuleihen. Für einen einzigen Tag. Ich zögerte, aber ein einziger Augenaufschlag von ihr hätte genügt, einfach alles zu ver-

langen. Als ich das Gerät am nächsten Tag ein-
schaltete, staunte ich nicht schlecht. Sie war fast
durch, innerhalb eines Abends und einer wohl
recht langen Nacht. Nur vor dem letzten Gegner
musste sie passen. Was sie unendlich ärgerte.

Erinnerungen. Bald darauf zog ich weg, wenig
später war Lucy fort. Der Gameboy ist mehr
Deko geworden, ein Andenken an alte Zeiten.
Vor Kurzem hielt ich beim Aufräumen das Spiel
in den Händen, steckte es in das Gerät und schaltete ein. Die Melodie ertönte, dann der Speicher-
stand. Unverändert, seit vielen Jahren. Ich habe
es nie weiter gespielt. Und werde es auch nie.
Weil die Erinnerung viel größer ist.

Erinnerungen an ein Videospiel.

Michael Höngen

Ich wurde 1997 in Reutlingen geboren, lebe auf der Schwäbischen Alb und bin Autor von bislang 5 eBooks unter meinem Pseudonym "Stewart McCole", angefangen mit dem Debütroman "Little Runaway" im Herbst 2020. Ich verfasse zudem Gedichte, Kurzgeschichten und Songtexte. Das Schreiben von Geschichten fing ich bereits 2004 als Grundschüler an, die große Leidenschaft begann dann durch die Inspiration einer Freundin. Ich schreibe sowohl über selbst erlebte Ereignisse, als auch über geschichtliche Begebenheiten und Persönlichkeiten, deren Leben mich inspiriert.

Alle Storys von Michael Höngen zu finden auf
www.story.one

schreib's auf
story.one

Viele Menschen haben einen großen Traum: zumindest einmal in ihrem Leben ein Buch zu veröffentlichen. Bisher konnten sich nur wenige Auserwählte diesen Traum erfüllen. Gerade einmal 1 Million publizierte Autoren gibt es derzeit auf der Welt - das sind 0,013% der Weltbevölkerung.

Wie publiziert man ein eigenes story.one Buch?

Alles, was benötigt wird, ist ein (kostenloser) Account auf story.one. Ein Buch besteht aus zumindest 15 Geschichten, die auf story.one veröffentlicht werden. Diese lassen sich anschließend mit ein paar Mausklicks zu einem Buch anordnen, das sodann bestellt werden kann. Jedes Buch erhält eine individuelle ISBN, über die es weltweit bestellbar ist.

Auch in dir steckt ein Buch.

Lass es uns gemeinsam rausholen. Jede lange Reise beginnt mit dem ersten Schritt - und jedes Buch mit der ersten Story.

#livetotell